Peter Fobes

Pilgerspuren der Jahrhunderte

Peter Fobes

Pilgerspuren der Jahrhunderte
Jerusalem – Santiago – Rom – Assisi – Köln

2011

B. KÜHLEN VERLAG

Der Autor:

Peter Fobes, geboren 1952, Franziskanerbruder,
studierte Mathematik und Kunstwissenschaft in Bonn und Aachen,
nach kurzer Lehrertätigkeit im Franziskus-Gymnasium Vossenack/
Eifel ist er in der Klosterverwaltung tätig,
zurzeit im Wallfahrtskloster Neviges.
Seine E-Mail-Adresse:
peter.fobes@franziskaner.de

Impressum

Autor: Peter Fobes OFM

Grafische Gestaltung, Satz, Druck und Bindung:
AALEXX Buchproduktion, Großburgwedel

Verlag: B. Kühlen Verlag, Mönchengladbach

ISBN 978-3-87448-351-3

Inhalt

Pilgerspuren unterschiedlicher Art:
Kuppel der Peterskirche in Rom und Pilgerweg nach Santiago

Vorwort

Es ist unübersehbar, dass in den letzten Jahrzehnten das Pilgern neu entdeckt wurde: Friedenswallfahrten als stille Demonstrationen für eine bessere Welt entstanden, Jugendliche sind mit einem großen Weltjugendtagskreuz zu Fuß unterwegs und der Jakobsweg nach Santiago de Compostela erfuhr eine ungeahnte Wiederbelebung. Offenbar steckt in jedem Menschen eine innere Sehnsucht danach, sich aus religiösen Motiven auf den Weg zu begeben. So erstaunt es nicht, dass auch andere Religionen das Pilgern kennen. In Jerusalem ist zu erleben, wie die Stadt gleichermaßen das Ziel jüdischer, muslimischer und christlicher Wallfahrten ist.

Von Beginn an pflegten die Christen das Gehen zu den heiligen Stätten. Gerade Jerusalem, Santiago, Rom, Assisi und Köln haben eine lange Tradition; sie reicht teilweise bis in die Antike zurück. Wer heute zu diesen Wallfahrtszielen aufbricht, reiht sich also unwillkürlich in die Schar der unzähligen Menschen ein, die im Laufe der Jahrhunderte dorthin gepilgert sind, und folgt gleichsam ihren Pilgerspuren. Gerade unter diesem Gesichtspunkt habe ich die fünf Städte ausgesucht.

Ich bringe sie mit Bildern und Gebeten in Verbindung. Hierdurch lade ich die Leserinnen und Leser ein, mit mir in meditativer Weise zu den heiligen Stätten zu ziehen, wenn auch zunächst nur gedanklich. Aber vielleicht wecke ich darüber hinaus den Wunsch, den einen oder anderen Pilgerort einmal wirklich zu besuchen.

Bei der Realisierung dieses kleinen Buches durfte ich auf die Hilfe guter Menschen zurückgreifen. Ich danke vor allem denen, die mir ihre Bilder zur Verfügung gestellt haben, und denen, die mir bei der Durchsicht des Manuskriptes behilflich waren. Im gleichen Maße gilt mein Dank denen, die mir mit ihrem Rat zur Seite standen, und dem B. Kühlen Verlag für die erfreuliche Zusammenarbeit.

Assisi, den 15. August,
Fest Mariä Aufnahme in den Himmel, 2011

Bruder Peter Fobes

Blick vom Ölberg auf Jerusalem

JERUSALEM

Für den Chormeister. Ein Psalm Davids. Ein Lied.

Dir gebührt Lobgesang, Gott, auf dem Zion,
dir erfüllt man Gelübde.
Du erhörst die Gebete.
Alle Menschen kommen zu dir
unter der Last ihrer Sünden.
Unsere Schuld ist zu groß für uns,
du wirst sie vergeben.
Wohl denen, die du erwählst
und in deine Nähe holst,
die in den Vorhöfen
deines Heiligtums wohnen.
Wir wollen uns am Gut deines Hauses
sättigen,
am Gut deines Tempels.
Du vollbringst erstaunliche Taten,
erhörst uns in Treue,
du Gott unsres Heiles,
du Zuversicht aller Enden der Erde
und der fernsten Gestade.
Du gründest die Berge in deiner Kraft,
du gürtest dich mit Stärke.
Du stillst das Brausen der Meere,
das Brausen ihrer Wogen,
das Tosen der Völker.
Alle, die an den Enden der Erde wohnen,

erschauern vor deinen Zeichen;
Ost und West erfüllst du mit Jubel.
Du sorgst für das Land und tränkst es;
du überschüttest es mit Reichtum.
Der Bach Gottes ist reichlich gefüllt,
du schaffst ihnen Korn;
so ordnest du alles.
Du tränkst die Furchen,
ebnest die Schollen,
machst sie weich durch Regen,
segnest ihre Gewächse.
Du krönst das Jahr mit deiner Güte,
deinen Spuren folgt Überfluss.
In der Steppe prangen die Auen,
die Höhen umgürten sich mit Jubel.
Die Weiden schmücken sich mit Herden,
die Täler hüllen sich in Korn.
Sie jauchzen und singen.

Psalm 65, 1-14

Psalm 65 ruft dazu auf, Gott im Lobgesang zu preisen. Dieses Lied wird „auf dem Zion" gesungen; damit ist Jerusalem gemeint. Dorthin pilgern die Menschen. Zunächst beschreibt der Psalm den Kult im Tempel von Jerusalem. Die Pilgerinnen und Pilger kommen im Bewusstsein, gesündigt zu haben, voll Reue zu Gott und erfahren seine vergebende Gnade. In den Vorhöfen des Heiligtums finden sie seine Nähe und sie können sich sättigen, das heißt am kultischen Opfermahl teilnehmen, wie es zur Zeit des Alten Testaments im Jerusalemer Tempel üblich war, oder – im übertragenen Sinn – den geistigen Hunger stillen. Die Gnaden der Pilgerfahrt sind Anlass Gott zu danken, wodurch der Bogen zum Danken gespannt wird, das in der zweiten Hälfte des Psalmes anklingt: Dank für die Taten, die Gott in der Schöpfung und der Weltgeschichte wirkt. Besonders für den Regen wird gedankt, in den heißen Gebieten des Orients die ungeheuer wichtige Voraussetzung für das Wachsen der Früchte – als Nahrung für den Menschen – und der Weiden – als Lebensgrundlage für das Vieh.

Jesus begibt sich ebenfalls als Pilger auf den Weg. Das Evangelium nach Lukas berichtet von der Wallfahrt, die ihn als Zwölfjährigen mit seinen Eltern nach Jerusalem führt (vgl. Lk 2, 41-51). Dadurch erwies er seine Treue zum jüdischen Gesetz. Dass er dem israelitischen Volk entstammte, betont Paulus im Römerbrief: „Ihnen [den Israeliten] ist das Gesetz gegeben, der Gottesdienst und die Verheißungen, sie haben die Väter und dem Fleisch nach entstammt ihnen der Christus" (Röm 9, 4b-5a). Als solcher hat Jesus auch die Psalmen gebetet. Am Kreuz noch spricht er zu Gott: „In deine Hände lege ich meinen Geist" (Lk 23, 46a; vgl. Ps 31, 6).

Der Botschaft und dem Leben Jesu folgend betet das Christentum von Beginn an die Psalmen. Diese Gebete bilden also eine Brücke zwischen dem Alten und Neuen Bund. Psalm 65 enthält bereits diese Universalität des Betens: Wenn er zu Gott sagt: „Alle Menschen kommen zu dir", dann beschreibt er eine Völkerwallfahrt, der sich die christlichen Pilgerinnen und Pilger anschließen dürfen. Und der Weltenschöpfer ist die „Zuversicht aller Enden der Erde", also auch die der Christenheit.

Zur Vollendung seines Heilswerkes musste Jesus mit seinen Aposteln nach Jerusalem ziehen. Bevor sie dorthin aufbrachen, kündete er ihnen an: „Wir gehen jetzt nach Jerusalem hinauf; dort wird sich alles erfüllen, was bei den Propheten über den Menschensohn [geschrieben] steht: Er wird den Heiden ausgeliefert, wird verspottet, misshandelt und angespuckt werden, und man wird ihn geißeln und töten. Aber am dritten Tag wird er auferstehen" (Lk 18, 31-33). Als Ort des Todes und der Auferstehung Christi, an dem sein Leben und Werk sich vollendeten, wird Jerusalem ganz natürlich zum Zentrum des Christentums, zumal sich die neue

Religion von hier aus ausbreitete: Die Apostel brachten das Evangelium bis in ferne Länder. Die christliche Hoffnung auf das anbrechende Gottesreich wird schließlich in der Vision eines himmlischen Jerusalem beschrieben. Der Hebräerbrief deutet es an: „Ihr seid vielmehr zum Berg Zion hingetreten, zur Stadt des lebendigen Gottes, dem himmlischen Jerusalem" (Hebr 12, 22a). Die Apokalypse schließlich malt sie in prächtigen Bildern: Es ist von ihrem Lichtglanz die Rede und von einer hohen Mauer aus Jaspis. Die zwölf Tore bestehen aus Perlen und symbolisieren die zwölf Stämme Israels. Die zwölf Grundsteine aus wertvollen Edelsteinen tragen die Namen der zwölf Apostel. Die Straßen sind reines Gold. Das Himmlische Jerusalem besitzt keinen Tempel, weil Gott selbst in ihr wohnt; seine Herrlichkeit erleuchtet die Stadt; daher benötigt sie keine Sonne und es gibt keine Nacht mehr (vgl. Apk 21, 9-27). Das Himmlische Jerusalem verdeutlicht das Ziel der eigentlichen Völkerwallfahrt, zu dem die gesamte Menschheit auf dem Weg ist.

Christliche Pilgerinnen und Pilger aus zwei Jahrtausenden

Die frühesten bekannten christlichen Palästinapilger stellt der im vierten Jahrhundert tätige Geschichtsschreiber Eusebius in seiner *Historia Ecclesiae* vor: Um den Ursprungsort des Evangeliums kennen zu lernen, habe Meliton, ein Bischof des 2. Jahrhunderts aus Sardeis in Kleinasien, die beschwerliche Reise unternommen. Und um das Jahr 212 sei Alexander, der Bischof von Kappadozien, als Heilig-Land-Pilger unterwegs gewesen. Im *Itinerarium Burdigalense* berichtet ein anonymer Pilger über seine Palästinawallfahrt, die ihn im Jahre 333 von Bordeaux über Konstantinopel nach Jerusalem führte. Der Bericht dieses „Pilgers von Bordeaux" enthält viele geografische Angaben und eine Aufzählung der besuchten Stätten. In den Jahre 381 bis 384 ist eine Dame nach Ägypten und Palästina gewallfahrtet, die sich *Pilgerin Aeteria* nennt. „Heilige Neugier" trieb sie auf diese Reise zu den „Heiligen Stätten"; hierüber hat sie einen Bericht verfasst, der erhalten geblieben ist. Auch den Kirchenlehrer Origines finden wir in der Reihe der frühchristlichen Pilger; der um 254 gestorbene bedeutendste Bibelgelehrte der griechischen Kirche sagt von sich selber, er sei an den Orten auf der Suche nach den Spuren Jesu gewesen. Schließlich darf nicht die heilige Helena vergessen werden, die Mutter Konstantins des Großen. 324 hat sie – schon hochbetagt – eine Palästinareise unternommen. In Jerusalem habe sie das Kreuz Christi sowie die Nägel und die Inschrift des Pilatus gefunden. Dies erwähnt der Kirchenlehrer und Mailänder Bischof Ambrosius im Jahr 395 in einer Predigt. Helena verkörpert das Ideal einer christlichen Herrscherin und gilt als Vorbild aller Heilig-Land-Pilger.

Auch die Kreuzfahrer verstanden sich als Pilger, was angesichts der Greuel, die manche Ritter anstellten, aus heutiger Sicht unverständlich ist. Hingegen werden wir uns gerne an Menschen erinnern, deren religiöse Absicht unbestreitbar ist: Ignatius von Loyola bereiste von Juni 1523 bis Januar 1524 das Heilige Land. Und Charles de Foucauld entdeckte bei einem Aufenthalt in Nazareth in den Jahren 1898 bis 1900 seine Berufung zum Priestertum.

Zu den Wallfahrern der Gegenwart gehören auch die drei Päpste Paul VI. (1964), Johannes Paul II. (2000) und Benedikt XVI. (2009). Neunzehn Jahrhunderte, nachdem der Apostel Petrus das Land verlassen hatte, haben seine Nachfolger wieder die Orte aufgesucht, an denen Jesus gelebt, gepredigt und gelitten hat und auferstanden ist.

Einige Ölbäume im Garten Getsemani können noch aus der Zeit Jesu stammen.

Auf den Spuren Jesu

„Wer mit eigenen Augen Judäa gesehen hat und wer die Lage der alten Städte, ihre Namen kennt …, der wird die Heiligen Schriften besser verstehen." Mit diesen Worten fasst der um 347 geborene Kirchenvater Hieronymus seine

Pilgererfahrungen zusammen. Nach einer Wallfahrt durch Palästina und Ägypten hatte er sich 386 in Betlehem niedergelassen. Hieronymus ist vor allem durch seine Übersetzung der Heiligen Schrift ins Lateinische bekannt.

Zur Reiseliteratur unserer Heilig-Land-Wallfahrt gehört unverzichtbar die Bibel. Sie erschließt uns die Orte, die an die großen Ereignisse des Juden- und frühen Christentums erinnern. Wir betreten das Land, das Jesus mit seinen Füßen geheiligt hat.

Wenn inzwischen auch die Archäologie und die Geschichtswissenschaft bei einigen dieser Gedächtnisstätten in Zweifel stellten, ob an ihnen wirklich das Geschehen stattgefunden hat, an das sie erinnern, so bleibt doch die Tradition: Nachweisbar ist stets der Zeitraum, über den hinweg bis heute die einzelnen Orte mit dem entsprechenden Geschehen verknüpft wurden, meist auch gekennzeichnet durch eine Kirche, die entweder noch steht oder die die Archäologie nachweisen konnte. Somit reihen wir uns unwillkürlich in die zahllosen Pilgerinnen und Pilger der Jahrhunderte und Jahrtausende ein und gewinnen allein dadurch schon eine innere Begegnung mit den biblischen Ereignissen.

Möchten wir den Spuren Jesu folgen, sollten wir sowohl Galiläa besuchen, wo er aufgewachsen ist und sein öffentliches Wirken entfaltete, als auch Jerusalem, wohin er bereits als Zwölfjähriger gepilgert war und wo sich schließlich sein Leben vollenden sollte. So bringt uns diese Stadt vor allem mit der Passion, dem Tod und der Auferstehung in Berührung.

Jesu Einzug in Jerusalem

Jesu letzter Aufenthalt in Jerusalem begann mit dem feierlichen Einzug in die Stadt. Der Evangelist Matthäus nennt eindeutig den Ort, an dem die Jünger eine Eselin und ihr Fohlen losbanden: das Dorf **Betfage auf dem Ölberg** (vgl. Mt 21, 1). Von hier ritt Jesus auf Jerusalem zu, begleitet von den Jüngern und dem *Hosanna* jubelnden Volk. Der Ort Betfage existiert nicht mehr, konnte aber durch Ausgrabungen nachgewiesen werden. An der Stelle der Eselsbesteigung erbauten die Franziskaner 1883 eine Kirche über den Ruinen eines frühchristlichen Sakralbaus aus dem 4. Jahrhundert. Jahr für Jahr begehen die Christen der verschiedenen Konfessionen den Palmsonntag mit einer großen gemeinsamen Prozession, die von Betfage nach Jerusalem zieht und an der tausende Menschen mit Fahnen und Palmzweigen teilnehmen.

Dem Bericht über den Einzug in Jerusalem fügt der Evangelist Lukas noch eine Begebenheit hinzu: Unterwegs habe Jesus beim Anblick der Heiligen Stadt geweint und geweissagt: „Sie [die Feinde] werden dich und deine Kinder zerschmettern und keinen Stein auf dem andern lassen" (LK 19, 44). Dieses prophetische Wort bewahrheitete sich 70 nach Christus mit der Zerstörung der Stadt. Auf dem Ölberg erinnert die 1955 erbaute Kapelle **Dominus Flevit** (= der Herr weinte) an die Worte und Tränen Jesu beim Blick auf Jerusalem. Hinter dem Altar erhalten wir durch ein großes Fenster einen schönen Blick auf das Stadtpanorama.

Dominus Flevit:
Das Fenster leitet den Blick auf den Tempelberg
mit dem Felsendom.

Jesus im Jerusalemer Tempel

Jesu letzte Tage in Jerusalem sind von seinem Aufenthalt im Tempel geprägt. Er predigte dort, führte mit den Pharisäern Streitgespräche und vertrieb die Händler und Geldwechsler.

Der Tempel war das religiöse Zentrum des Judentums. Im Jahre 70 nach Christus wurde er durch die Römer zerstört; an seiner Stelle ließ Kaiser Hadrian 135 dem Jupiter Capitolinus einen Tempel errichten. Dem Judentum blieb nur die heute von den jüdischen Gläubigen verehrte *Klagemauer*, der westliche Umfassungsteil des einst so gewaltigen Tempelbezirks. Die römische Bebauung wurde unter Konstantin dem Großen aufgegeben und verfiel. Nach der Eroberung Jerusalems durch die Araber im Jahr 638 stiftete der Kalif Abd el-Malek Ende des 7. Jahrhunderts den Felsendom; dieses auf achteckigem Grundriss aufragende, mit einer vergoldeten Kuppel bedeckte prachtvolle Bauwerk beherrscht heute den Tempelberg und bestimmt das Bild, das sich beim Blick vom Ölberg vor uns ausbreitet. Nach Auffassung der Moslems steht der Felsendom an der Stelle, von der aus Mohammed in den Himmel entrückt ist. Außerdem wird der Tempelberg als der Hügel Moriah angesehen, auf dem Abraham das Opfer Isaaks darbringen sollte (vgl. Gen 22, 1-10).

Das Letzte Abendmahl

Zum Abschied von seinen zwölf Jüngern hielt Jesus mit ihnen ein Mahl. Er hatte sie beauftragt, einen von ihm bestimmten Raum besonders herzurichten. Nach den Berichten der Evangelisten Matthäus, Markus und Lukas beging er dort das Paschamahl und hat so das Sakrament der Eucharistie eingesetzt. Leider enthält die Heilige Schrift nicht den geringsten Hinweis darauf, wo sich der Saal befunden hat. Die Suche nach dem Ort, an dem die Erinnerung an das Letzte Abendmahl gepflegt wird, führt uns auf den Zion. Der Name dieses Hügels vor der südwestlichen Ecke der Stadtmauer wird bisweilen auch für die gesamte Stadt verwendet. Auf dem Zion ragt die weiße Kirche der **Benediktinerabtei Dormitio Mariae** hoch empor. Kaiser Wilhelm II. gab 1898 die Anregung zu diesem imposanten Bauwerk; 1906 war sie fertig gestellt und wurde den Benediktinern der Erzabtei Beuron anvertraut. Die Dormitio-Kirche bewahrt das Gedächtnis an die Gottesmutter, die hier verstorben sein soll. Neben der Abtei befindet sich eine Halle mit gotischem Gewölbe, die noch aus der Kreuzfahrerzeit stammt. Sie war 1229 an der Stelle errichtet worden, an der eine lange Tradition die Erinnerung an das Letzte Abendmahl pflegt. Eine kleine stimmungsvolle Kapelle, von der ein Fenster den Blick zur gotischen Abendmahlshalle frei gibt, bietet die Möglichkeit zur Feier der Eucharistie an dem Ort, welcher der Erinnerung an die Einsetzung des Sakraments gewidmet ist.

Gotische Formen der Kreuzfahrerzeit: der Abendmahlssaal

Getsemani

Im Anschluss an das Letzte Abendmahl ging Jesus zum Garten Getsemani, um hier zu beten. In seinen uns überlieferten Worten verdichtet sich seine ganze Todesangst (vgl. Mt 26, 36-46). Die anwesenden drei Jünger aber schliefen. Getsemani liegt am Fuß des Ölbergs. Wir fühlen uns in die Zeit Jesu zurückversetzt. Ölbäume können das Alter von 2000 Jahren erreichen. Zwar hatte Titus während der Belagerung Jerusalems im Jahre 70 alle Bäume abholzen lassen, ließ aber vermutlich die Wurzeln in der Erde, aus denen neue Stämme erwuchsen. So haben wir also immerhin Gewächse vor uns, die auf die Zeit Jesu zurückgehen. Die beeindruckende Basilika – Kirche der Nationen genannt – wurde in den Jahren 1919 bis 1929 erbaut. Unter ihr befinden sich Fundamente eines Bauwerks, die 1920 gefunden worden sind und einer Basilika des vierten Jahrhunderts entstammen. Bereits damals gedachte man hier des Gebets Jesu in Todesangst und zeigte einen Stein, auf dem er gekniet haben soll. Dieser Fels ist vor dem Altar der jetzigen Kirche sichtbar. Der Garten Getsemani mit seinem stillen Olivenhain schenkt uns die rechte Atmosphäre zu Gebet und Besinnung.

Der Kreuzweg

Im Garten Getsemani wurde Christus gefangen genommen. Es folgten die Verhöre, der Prozess und der Urteilsspruch. Der Evangelist Johannes berichtet, dass der Richterstuhl des Statthalters Pilatus auf einem Platz stand, der Lithostrotos hieß (vgl. Joh 19, 13). In einer Krypta unter der so genannten Ecce-Homo-Basilika ist dieser steingepflasterte Boden zu sehen. Wenn auch die Archäologie Zweifel daran anmeldet, dass dies der von Johannes genannte Lithostrotos sei, so ruft er doch sehr eindrucksvoll die Erinnerung an die Verurteilung Jesu wach. Hier beginnt der Kreuzweg, der sich durch die Straßen der Jerusalemer Altstadt schlängelt und in der Grabeskirche seinen Abschluss findet.

Von ungewöhnlicher Architektur: die Grabeskirche.
Vorne der Stein, auf dem der Tradition gemäß
Christus nach der Kreuzabnahme gesalbt wurde.

Die Grabeskirche

Sie geht auf den Gebäudekomplex zurück, der im Auftrag Konstantins des Großen errichtet und 335 geweiht worden ist. Zum Bau dieser spätantiken Kirche hatte man sehr zielsicher nach dem Bestattungsort Christi und dem Golgotafelsen gesucht. Beides war in den Jahren nach 135 von den Römern durch einen Tempel überbaut worden. Aber offensichtlich hatten die Christen die Kenntnis über die genaue Stelle des Grabes und Golgotas von Generation zu Generation weitergegeben. Nach Abriss des Tempels ließ Konstantin der Große diesen Ort freilegen und eine großzügig angelegte und prächtig ausgestattete Kirchenanlage errichten.

Der erste Eindruck dieses heiligsten Ortes der Christenheit wird manchen Pilger enttäuschen, der eine Basilika oder eine Kathedrale erwartet, wie sie in Europa für bedeutende Wallfahrtsstätten üblich ist. Erst die Geschichte des Bauwerks erhellt, warum wir eine gedrungene, zwischen Häusern verborgene Kirche erleben, deren innere Struktur zunächst als verwirrend und unharmonisch empfunden wird und sich erst nach genauer Betrachtung als organischer Zusammenhang vieler Bestandteile erschließt. Im Laufe der Jahrhunderte wurde sie mehrmals zerstört, aber immer wieder aufgebaut; dabei behielt man stets die Gestalt der kreisrunden überkuppelten *Anastasis* (=Auferstehungsort) bei, der Rotunde, mit der Konstantin das Heilige Grab umgeben hatte. Die übrigen Teile, insbesondere der Golgotafelsen, wurden bei dem Neubau der Kreuzfahrerzeit einer völligen Neukonzeption eingegliedert. Ihre Weihe erfolgte 1149. Die heutige Grabeskirche entspricht im Wesentlichen diesem Kreuzfahrerbau.

Das Grab Jesu war ein in den Felsen hineingetriebener höhlenartiger Raum. Die Felsteile sind im Laufe der Zeit mehreren Zerstörungen unterworfen worden. Die Kapelle, die wir heute im Zentrum der Anastasis sehen, ist 1810 seitens der griechischen Kirche erbaut worden und ummantelt die übrig gebliebenen Fragmente des Jesusgrabes.

Die Grabeskirche wird von mehreren christlichen Konfessionen genutzt, denen verschiedene Altäre und Kapellen zur Verfügung stehen: die Griechisch-Orthodoxen, die Kopten, die Armenier, die Syrisch-Orthodoxen, die Äthiopier und die Lateiner, wie die römisch-katholischen Christen im Heiligen Land bezeichnet werden. Auch wenn das Zusammenwirken der verschiedenen Konfessionen nicht immer ohne

Probleme ist, so zeigt es doch die hohe Bedeutung dieses Ortes: dem Zentrum unseres Glaubensbekenntnisses nahe zu sein, dem Tod und der Auferstehung Jesu. Paulus hat es sehr eindrucksvoll im ersten Korintherbrief, der wohl in den Jahren 54 oder 55 entstanden ist, ausgesprochen:

Denn vor allem habe ich euch überliefert,
was auch ich empfangen habe:
Christus ist für unsere Sünden gestorben,
gemäß der Schrift,
und ist begraben worden.
Er ist am dritten Tag auferweckt worden,
gemäß der Schrift,
und erschien dem Kephas, dann den Zwölf.
(1 Kor 15, 3-5)

Das Gartengrab

Wer darüber enttäuscht ist, dass in der Grabeskirche die Bestattungsstelle Jesu nicht mehr in ihrer ursprünglichen Form anzutreffen ist, wird gerne das *Garden Tomb* aufsuchen. 1882 hatte der archäologisch interessierte, anglikanische General Gordon in einem Garten vor dem Damaskustor, also westlich der Altstadt, ein Grab ausfindig gemacht, das sehr gut die

Beisetzungsstätte Jesu hätte sein können, weil es genau mit den Beschreibungen der Evangelisten übereinstimmt. Außerdem entdeckte Gordon daneben einen Felsen, der die Form eines Totenkopfes besitzt, also dem Golgota – übersetzt Schädelhöhe – entsprechen könnte. Die Archäologie hat jedoch die These des Generals inzwischen widerlegt: Das von ihm gefundene Grab wird in die byzantinische Zeit datiert, also lange nach dem Tod Jesu.

Trotzdem bietet das *Garden Tomb* eine Atmosphäre der Ruhe, in der die Erinnerung an die Passion Jesu gut wachgerufen werden kann: beim Blick auf einen ursprünglich belassenen Felsen und beim Hineinsteigen in ein unberührtes Grab, wobei beides sich in einem schön angelegten Garten befindet, in dem Pilgergruppen die Bibel lesen oder sich darüber austauschen. So kommen wir durch das Gartengrab wieder zu unserem anfänglichen Anliegen zurück: Die Reiseliteratur unserer Pilgerreise nach Jerusalem ist die Heilige Schrift.

Brücke auf dem Weg nach Santiago

SANTIAGO DE COMPOSTELA

Zum Himmel hoch und weit ins Land

*Zum Himmel hoch und weit ins Land,
vom Berg ins Tal sei es bekannt,
wie einst gefolgt dem Menschensohn
Sankt Jakob, unser Schutzpatron.*

*Du gehst von Netz und Booten fort,
als dich erreicht des Heilands Wort:
„Komm, folge mir" – lass los, was war!
In seine Spur geht seine Schar.*

*Am Ölberg bleibt der Herr allein,
da schläfst du mit den andern ein.
„Der Geist will Tag, das Fleisch will Nacht."
Wenn müd wir werden – Jesus wacht.*

*Am Berg schaust Christus du im Licht.
Verbirgt die Wolke das Gesicht,
bleibt Jesus doch; mit ihm zumal
gehn wir getrost hinab ins Tal.*

*Auf unsern Pilgerstraßen hier
wird uns zum Zeichen deine Zier:
die Muschel ist dem Worte gleich,
darin die Perle Himmelreich.*

Sieger Köder

In diesem Liedtext drückt Sieger Köder seine besondere Verbundenheit mit dem Apostel Jakobus und mit dem Weg nach Santiago de Compostela aus, auf dem er selber einmal gepilgert ist. Der 1925 geborene Künstler ist Priester des Bistums Rottenburg-Stuttgart und war von 1975 bis 1995 Pfarrer in Rosenberg. Auf dem dortigen Hohenberg liegt eine dem heiligen Jakobus geweihte Kirche; an ihr führt der Fränkisch-Schwäbische Jakobsweg vorbei. Sieger Köder hatte diese Kirche renovieren lassen und künstlerisch ausgestaltet.

Pilgerherberge auf dem Weg nach Santiago

Geschichte der Wallfahrt nach Santiago de Compostela

Auch wenn es scheint, dass Santiago de Compostela erst neuerdings ein populäres Pilgerziel geworden ist, so ist die Stadt im Nordwesten Spaniens doch schon seit Jahrhunderten einer der bekanntesten Wallfahrtsorte, zu dem sich die Menschen stets auch von weit her auf den Weg begeben haben.

Bereits Karl der Große soll nach Santiago de Compostela gepilgert sein. In der ersten Hälfte des neunten Jahrhunderts hatte man im Nordwesten Spaniens, im Land Galizien, das Grab des Apostels Jakobus gefunden und darüber eine erste Kirche gebaut. Wie die Reliquien dieses Heiligen dorthin gelangt sind, ist nicht bekannt, möglicherweise auch eher legendär. Isidor von Sevilla (um 560 geboren, 636 gestorben) schreibt, Jakobus der Ältere habe in Spanien missioniert. Diese Auffassung wurde in späterer Zeit nicht mehr vertreten, zumal er als erster der Apostel in Jerusalem den Martyrertod erlitten hat (vgl. Apg 12, 2). 1075 wurde die Kirche durch eine romanische Kathedrale ersetzt. Die Örtlichkeit erhielt den Namen *Santiago de Compostela*, was soviel wie *Heiliger Jakobus vom Sternenfeld* bedeutet.

Die Wallfahrt wurde bereits im 10. Jahrhundert durch die Errichtung von Pilgerheimen und Krankenhospizen in der Stadt und durch den gut ausgebauten Jakobsweg, den *Camino*, stark gefördert. Der Pilgeransturm ging jedoch zwischenzeitlich zurück und nahm erst in neuerer Zeit wieder zu. Im Mittelalter gehörte Santiago neben Jerusalem und Rom zu den drei wichtigsten Wallfahrtszielen.

Abends in der Pilgerherberge:
Auch die Schuhe haben sich die Nachtruhe verdient.

El Camino – der Weg

Mehr als bei anderen Wallfahrten ist bei Santiago nicht nur das Reiseziel, sondern auch der Weg dorthin von Bedeutung. Selbst Reiseveranstalter, die ihre Pilgerfahrten gewöhnlich als Bahn-, Bus- oder Flugreise anbieten, haben nach Santiago doch meist auch Angebote in ihrem Programm, bei denen wenigstens Teilstücke zu Fuß zurückgelegt werden. Das eigentliche Jakobserlebnis jedoch erschließt sich nur denen, die möglichst den ganzen Weg von daheim bis ans Ziel ohne Verkehrsmittel – höchstens mit dem Fahrrad – zurücklegen.

Überall in Europa gibt es Straßen oder Pfade, die von alters her *Jakobsweg* genannt werden. Häufig erinnern Straßenbezeichnungen oder Pfarrpatronate daran, wie beispielsweise die Jakobstraße und die gleichnamige Kirche in Aachen. Die Pilgerstraßen aus den Gebieten nördlich der Pyrenäen laufen in Puente la Reina zusammen, von wo dann nur ein Jakobsweg bis Santiago – der eigentliche *Camino* mit seinen Herbergen – verläuft. Wenn das Fest des heiligen Jakobus auf einen Sonntag fällt, wird vom Heiligen Jahr gesprochen. Dann ist der Andrang der Wallfahrer sehr groß und in der Basilika in Santiago ist die sonst verschlossene Heilige Pforte geöffnet. Auch Franziskus sei nach Santiago de Compostela gepilgert, berichten die Fioretti, eine Legendensammlung über das Leben des Heiligen aus Assisi.

Kapelle am Wegrand

Der innere Weg

Natürlich sind die Motive und die Erfahrungen der einzelnen Pilgerinnen und Pilger sehr persönlich und unterscheiden sich dementsprechend untereinander. Trotzdem gibt es einige Erfahrungen, die immer wieder genannt werden, also offensichtlich vielen Pilgerinnen und Pilgern gemeinsam sind, insbesondere die Begegnung mit Menschen, die ebenfalls nach Santiago unterwegs sind. Manche gehen eine Strecke zusammen, auch wenn sie sich vorher nicht gekannt haben und später nie mehr sehen werden. Es entwickeln sich oft sehr tiefe Gespräche und das Miteinander bewirkt ein gegenseitiges Bestärken im Glauben. Eine weitere Erfahrung liegt in dem inneren Weg, der sich vielen während des Gehens eröffnet: Sie sind als Wanderer aufgebrochen und kommen als Pilger in Santiago an. Während die einen eher das gemeinsame Gehen mit Mitwallfahrern schätzen, pilgern andere lieber alleine, lassen ihre Gedanken sich frei entfalten und gewinnen dabei innere Klarheit bei manchen Fragen und Zweifeln sowie neue Erkenntnisse. In beiden Fällen wird man den Heiligen Geist am Werk sehen dürfen.

Mit Muschel und Stab:
der Apostel Jakobus als Pilger

Der heilige Jakobus

Er wird *der Ältere* genannt, um ihn von dem anderen Apostel, der ebenfalls Jakobus heißt, unterscheiden zu können. Zusammen mit Petrus und Johannes gehörte er zu dem engsten Jüngerkreis, zu den Vertrauten Jesu: Diese drei nahm der Meister auf den Berg Tabor mit, wo er verklärt wurde (vgl. Mt 17, 1), er ließ sich von ihnen in das Zimmer der Tochter des Synagogenvorstehers begleiten, die er vom Tod erweckte (vgl. Mk 5, 37), und er bat sie zu wachen und zu beten, als er im Garten Getsemani Blut schwitzte (vgl. Mk 14, 33). Jakobus und Johannes waren Geschwister, Söhne des Fischers Zebedäus vom See Genezareth. Die beiden Brüder berief Jesus zu seinen Jüngern, als sie im Boot ihre Netze ausbesserten (vgl. Mt 4, 22). Kurz vorher waren Petrus und Andreas in gleicher Weise dem Ruf des Rabbi gefolgt. Dieses sofortige Verlassen von Arbeit und Familie drückt die bedingungslose und unverzügliche Nachfolge Jesu aus.

Aber Johannes und Jakobus waren nicht immer das vorbildliche Apostelpaar: Ihre Bitte, in der zukünftigen Herrlichkeit zur Rechten und zur Linken Christi Platz finden zu dürfen, zog eine barschen Zurechtweisung nach sich: „Ihr wisst nicht, um was ihr bittet." (Mk 10, 38a) Als der Herr und seine Jünger beim Durchzug durch Samarien einmal keine Aufnahme fanden, wollten Johannes und Jakobus Feuer vom Himmel fallen lassen, um das samaritische Dorf zu zerstören; aber Jesus wies sie zurecht (vgl. Lk 9, 54f).

Die Apostelgeschichte berichtet, dass Jakobus ein Opfer der Verfolgung wurde, die die christliche Gemeinde in Jerusalem durch König Julius Agrippa I., genannt *Herodes*, erlitten hatte. Petrus wurde festgenommen, Jakobus mit dem Schwert hingerichtet (vgl. Apg 12, 2). Dies muss sich vor 44 zugetragen haben, dem Jahr, in dem der König starb. Der Märtyrertod des Apostels verdeutlicht, wie unerschrocken er die Nachfolge Jesu bis zuletzt lebte. Er ist der Patron der Pilger. Daher wird er in der Kunst häufig als Wallfahrer mit Stab und Muschel dargestellt. Offenbar wird hier ein Bezug zum Camino hergestellt; aber auch in einem tieferen Sinn können wir ihn als Patron der Wallfahrer begreifen: Seine konsequente Nachfolge Jesu von der Berufung am See Genezareth bis zu seinem Tod in Jerusalem war der Pilgerpfad seines Lebens. Auch auf uns ist dieser Gedanke anwendbar: Wenn wir uns bemühen, stets mit Gott und zu ihm unterwegs zu sein, wird unser Leben zur eigentlichen Wallfahrt.

Die Jakobus-Basilika in Santiago de Compostela

Nach der Ankunft in Santiago de Compostela werden die Pilgerinnen und Pilger zuerst die Basilika mit dem Grab des Apostels Jakobus besuchen. Diese Kathedrale wurde ab 1075 im romanischen Stil erbaut und 1211 geweiht; in den folgenden Jahrhunderten erfuhr sie zahlreiche Ergänzungen und erhielt eine reiche Ausstattung. Im Heiligen Jahr, das stets begangen wird, wenn das Jakobusfest – der 25. Juli – auf einen Sonntag fällt, ist die Heilige Pforte geöffnet; es gehört dann zum Wallfahrtsbrauch, dieses Portal zu durchschreiten. Höhepunkt ist natürlich der Besuch des Apostelgrabes in der Krypta unter dem Hauptaltar. Die Jakobusreliquien ruhen dort in einem kostbar gestalteten Schrein. An besonderen Tagen wird in der Kathedrale das große Weihrauchfass – das *Botafumeiro* – geschwenkt. Die Kraft von mehreren Männern ist erforderlich, um es mit dem 30 Meter langen Seil durch den Kirchenraum schwingen zu lassen. 1985 wurde die Altstadt von Santiago de Compostela und somit auch die Kathedrale zum UNESCO-Weltkulturerbe erklärt.

Brunnen auf dem Petersplatz

ROM

Petrus und Paulus

O Roma felix!
Der Apostelfürsten Tod
hat mit dem Purpur
ihres Blutes dich geschmückt.
Ihr großes Leben,
nicht dein Ruhm und deine Macht,
gibt dir den Vorrang
vor den Städten dieser Welt.

Pförtner des Himmels,
Petrus, der die Schlüssel trägt,
Völkerapostel,
Paulus, der die Heiden ruft:
Leuchten des Weltalls,
habt den Glauben ihr bezeugt –
einer am Kreuze
und der andre unterm Schwert.

Göttliche Dreiheit,
Vater, Sohn und Heil'ger Geist,
höre den Lobpreis,
den wir deiner Größe weihn,
da das Gedächtnis
deiner Zeugen uns erfreut.
Gib uns wie ihnen
einst den Thron der Seligkeit. Amen.

Hymnus des Laudes-Gebetes am Fest Peter und Paul

Reiterstandbild des römischen Kaisers Marc Aurel

URBS AETERNA (Die Ewige Stadt), CAPUT MUNDI (Haupt der Welt) und ROMA SACRA (Heiliges Rom) – diese Bezeichnungen sind für eine Stadt angemessen, die durch drei Jahrtausende hindurch fast immer kulturell, politisch und religiös von Bedeutung war, die in der Antike ein riesiges Weltreich regierte, die von Päpsten mit prunkvollen Bauten und Monumenten ausgestattet wurde und die schließlich heute in einzigartiger Weise ein immenses kulturelles Erbe beherbergt.

Wollen wir Rom als Pilgerin und Pilger besuchen, so lenken wir jedoch unsere Aufmerksamkeit auf etwas anderes: Die Ursprünge Roms als Wallfahrtsziel liegen in der Verehrung der Märtyrer. Dass das Christentum in der Hauptstadt des Römischen Reiches schon sehr früh Fuß gefasst hat, ist nicht erstaunlich, denn es gab gute Verbindungen aus allen Teilen des Imperiums. Die Apostelgeschichte berichtet, dass auch Römer beim Pfingstereignis anwesend waren, als Petrus in Jerusalem zum Volk sprach und alle ihn in ihrer Sprache hörten (vgl. Apg 2, 10). Möglicherweise haben bereits sie die neue Religion in ihre Heimatstadt Rom gebracht. Im Laufe der folgenden Jahrhunderte wird das junge Christentum mehrmals harter Prüfungen unterworfen: Die erste Verfolgung findet unter Kaiser Nero statt. Um von sich den Verdacht abzuwenden, er habe Rom selbst in Brand gesteckt, schreibt er den Mitgliedern der neuen

Religion die Schuld zu. Den Hinrichtungen sind wahrscheinlich auch Petrus und Paulus zum Opfer gefallen. Die weiteren Verfolgungen hatten ihre Ursache allerdings darin, dass die Christen es ablehnten, den heidnischen Göttern zu opfern oder gar dem Kaiser Opfer darzubringen. Wer als Märtyrer starb, war sich des Ewigen Lebens nach dem Tod sicher. Daher setzte auch schon früh die Verehrung an ihren Gräbern ein. Nach der Verfolgung unter den Kaisern Decius und Vespasian erlebten die Christen ab dem Jahre 260 eine längere Friedenszeit; sie genossen nun weitgehende Freiheiten und konnten Gebäude für ihren Kult errichten. Bei der 303 unter Kaiser Diokletian ausbrechenden letzten großen Christenverfolgung dürften diese Bauten aber alle wieder zerstört worden sein. Erst die Toleranzvereinbarung, die 313 Konstantin der Große und sein Mitregent Licinius trafen, das so genannte Mailänder Edikt, schenkte den Christen einen dauerhaften Frieden im Römischen Reich. Es begann eine rege Bautätigkeit, zumal der Kaiser selber mehrere Kirchen stiftete, von denen San Pietro in Vaticano, San Paolo fuori le Mura, San Sebastiano und der Lateran bis auf den heutigen Tag die Erinnerung an ihn bewahren. Mit Recht erhielt diese Epoche den Titel *Konstantinische Wende*.

Begegnung mit dem frühen Christentum

Zunächst wenden wir uns den Christen aus den Jahrhunderten vor der Konstantinischen Wende zu. Aus der frühchristlichen Literatur sind wir zwar über ihr Leben gut informiert, aber in Rom sind keine Bauten bekannt, von denen die Archäologie mit Sicherheit feststellen konnte, dass sie dem Gottesdienst gedient haben oder Wohnhäuser von Christen waren. Umso interessanter sind daher für uns die christlichen Grabanlagen, durch die wir in einzigartiger Weise dem frühen Christentum begegnen.

Frühchristliche Gräber und Katakomben

Die ältesten bekannten christlichen Gräber in Rom sind zugleich die bedeutungsvollsten: die Begräbnisstätten der Apostel Petrus und Paulus. Sie befinden sich auf Friedhöfen, auf denen sowohl Heiden als auch Christen beigesetzt sind. Petrus war auf dem Vatikanischen Hügel begraben worden, Paulus an der Via Ostiense. Über diesen Gräbern ließ Konstantin der Große im vierten Jahrhundert die Basiliken San Pietro in Vaticano und San Paolo fuori le Mura errichten; ihre Nachfolgebauten werden wir bei unserm Rundgang zu den sieben Hauptkirchen kennen lernen.

Am Ende des zweiten Jahrhunderts gingen die Christen dazu über, eigene Friedhöfe anzulegen. Hierzu erwarben sie Grundstücke und schufen Begräbnisvereine, aus deren gemeinsamen Kassen auch mittellosen Gemeindemitgliedern eine würdige Bestattung finanziert werden konnte. Die Grundstückspreise waren sehr hoch; außerdem benötigten die Christen wegen der Ablehnung der Feuerbestattung mehr Platz als die Heiden. Daher sahen sie sich gezwungen, auch unterirdische Begräbnisräume zu schaffen. Somit entstanden im Laufe der Zeit an verschiedenen Stellen außerhalb der Stadtmauern weitverzweigte Gänge und höhlenartige Kammern; die Wände wurden mit Nischen versehen, die die Gebeine der Verstorbenen aufnehmen konnten und die anschließend mit Platten verschlossen wurden. Die Bezeichnung Katakomben für die christlichen wie für die jüdischen unterirdischen Begräbnisanlagen taucht erst im Mittelalter auf. In der Antike verwendeten die Christen den Begriff *Cimiterium*, der einem griechischen Wort mit der Bedeutung *Ruhestätte* entstammt. Hier wird die christliche Auffassung des Todes deutlich: Die Verstorbenen erwarten die Auferweckung am Jüngsten Tag, so als ruhten sie nur. Die Hoffnung der Christen kommt auch in den Bildwerken zum Ausdruck, mit denen die Katakomben geschmückt sind: in Marmorplatten eingemeißelt, auf Wänden und Gewölben gemalt oder in Mosaikkunst gestaltet. Als Motive finden wir beispielsweise die Geschichte von Daniel, der von dem Zugriff der Löwen verschont bleibt, oder das Gleichnis Jesu vom Guten Hirten. Hinzu kommen bisweilen kleine Symbole in den Marmorplatten der Wandgräber: Anker, Taube, Palmzweig und andere Sinnbilder für die Hoffnung der Gläubigen, in Christus verankert zu sein und durch ihn das unsterbliche Leben zu finden.

Der Besuch der Katakomben hinterlässt einen starken und nachhaltigen Eindruck. Er verbindet stets die Pilgerinnen und Pilger mit dem frühen Christentum, mit Menschen, die ihren Glauben auch in Verfolgungszeiten bezeugt und überzeugend gelebt haben.

Statue des heiligen Paulus
im Atrium der Basilika San Paolo fuori le Mura

Die sieben Hauptkirchen

Santa Croce in Gerusalemme – San Giovanni in Laterano – San Paolo fuori le Mura – San Pietro in Vaticano – San Sebastiano – San Lorenzo fuori le Mura – Santa Maria Maggiore

Sie werden auch als die sieben Pilgerkirchen bezeichnet und es besteht ein alter Brauch, jeder von ihr einen Besuch abzustatten. Im 16. Jahrhundert war es der heilige Philipp Neri, der diese Tradition besonders pflegte. Er stammte aus Florenz, wurde 1551 in Rom zum Priester geweiht und trug durch seine volkstümliche Art dazu bei, dass das Glaubensleben der römischen Bevölkerung in Sinne des Tridentinischen Konzils erneuert wurde. Regelmäßig lud er alle ein, mit ihm die sieben Hauptkirchen zu besuchen; und eine große Schar Pilgerinnen und Pilger zog zu Fuß und in festlicher Stimmung von einer Basilika zur anderen. Lassen wir uns von ihm auf unserer Sieben-Kirchen-Wallfahrt begleiten.

Santa Croce in Gerusalemme

Die Gründung dieser Pilgerkirche hängt mit der Auffindung der Passionsreliquien Jesu zusammen: Wie aus einer Predigt des Kirchenlehrers Ambrosius aus dem Jahr 395 hervorgeht, soll die heilige Helena bei ihrer Heilig-Land-Wallfahrt im Jahr 324 das Kreuz Christi wiederentdeckt haben. Zwar ist dieses Ereignis historisch nicht greifbar. Aber es besteht durchaus die Möglichkeit, dass Passionsreliquien ans Tageslicht kamen, als in Jerusalem auf Veranlassung Konstantins des Großen über dem Felsen Golgota und dem Grab Jesu eine weiträumige Kirchenanlage erbaut wurde. In Rom ließ seine Mutter, die heilige Helena, die Aula ihres Palastes zu einer Kirche umgestalten, die in einer spätantiken Mosaikinschrift bereits *Hierusalem* genannt wird. Somit dürften Konstantin selbst oder seine Mutter dafür gesorgt haben, dass Teile der Passionsreliquien zur Ausstattung dieser Kirche nach Rom überbracht wurden.

Die Architektur der Kirche ist heute von den Ergänzungen des Mittelalters und besonders von der Erneuerung des 18. Jahrhunderts geprägt. Von außen stechen die zum Platz vorschwingende spätbarocke Fassade und der mächtige Glockenturm des 12. Jahrhunderts ins Auge. Im dreischiffigen Innenraum dominiert das Fresco der Apsiskalotte aus dem 15. Jahrhundert. Es stellt in der Mitte die heilige Helena mit dem Kreuz dar. Vom linken Seitenschiff ist der Zugang zur Reliquienkapelle; dort werden Teile des Kreuzes Jesu, ein Nagel, die Inschrift des Pilatus und Dornen von der Dornenkrone gezeigt.

San Giovanni in Laterano

Konstantin der Große hat sie als Bischofskirche Roms erbauen lassen. Hierdurch wurde sie das Zentrum der römischen Christengemeinde. Auch heute ist sie – und nicht San Pietro in Vaticano – die Kathedrale des Papstes, des Bischofs von Rom. Das Bistum leitet jedoch in seinem Namen ein Kardinal, dessen Sitz sich in dem Palast neben der Basilika, dem Palazzo del Laterano, befindet.

Die Laterankirche hat sich zwar ihre frühchristliche fünfschiffige Grundstruktur bewahrt, im Laufe der Jahrhunderte aber zahlreiche bauliche Veränderungen erfahren, von denen einige das Gesamtbild besonders bestimmen: Im 13. Jahrhundert ließ Nicolaus IV. das Apsismosaik unter Wiederverwendung eines spätantiken Christuskopfes völlig neu gestalten. Urban V. (Papst von 1362 bis 1370) stiftete den mächtigen Baldachin, der den Hauptaltar überspannt und in dessen gitterverziertem Hohlraum sich

Reliquienbüsten mit den Häuptern der Apostel Petrus und Paulus befinden. Die Umgestaltung des Hauptschiffes durch Borromini im 17. Jahrhundert schuf zwölf Nischen, in denen überlebensgroße Statuen der Apostel Aufstellung fanden. Den besonderen Rang der Lateranbasilika verdeutlicht die Bezeichnung *Mater et Caput Omnium Ecclesiarum Urbis et Orbis* (= Mutter und Haupt aller Kirchen Roms und des Erdkreises).

San Paolo fuori le Mura

Während San Giovanni in Laterano, die Kathedrale des römischen Bischofs, als Gemeindekirche errichtet wurde, diente die Paulskirche von Beginn an der Verehrung des Apostels. Die auf Anordnung Konstantins des Großen bald nach 330 erbaute Basilika musste bereits Ende des vierten Jahrhunderts einem größeren Neubau weichen, weil sie offensichtlich für das wachsende Pilgeraufkommen zu klein war. Jüngste archäologische Untersuchungen haben ermittelt, dass bei diesem Neubau ein antiker Sarkophag genau an der Stelle zu stehen kam, wo auch in der Konstantinischen Basilika schon das Paulusgrab verehrt wurde. Daher ist die Vermutung berechtigt, dass dieser Sarkophag die Reliquien des Apostels enthält, nachdem man sie aus dem feuchten Erdreich in diesen umgebettet hatte. 1823 zerstörte ein verheerender Brand die Basilika fast vollständig. Unter Verwendung geretteter Teile wurde sie in den folgenden Jahrzehnten neu gebaut.

Weil der Neubau des 19. Jahrhunderts den Maßen und dem Stil des Bauwerks aus dem späten vierten Jahrhundert im Wesentlichen treu geblieben ist, vermittelt San Paolo fuori le Mura heute sehr authentisch die Architektur einer frühchristlichen Basilika. Durch das rechteckige, von Säulen umgebene Atrium mit der ausdrucksstarken Statue des heiligen Paulus gelangen wir in das Innere der Kirche. Wir lassen den Gesamteindruck auf uns wirken: Das Langhaus ist in fünf Schiffe gegliedert, dessen mittleres höher ist und dessen Alabasterfenster dem Raum ein warmes und trotzdem ausreichend helles Licht spenden. Ein umlaufender Fries über den Säulen beziehungsweise Seitenwänden enthält Mosaikmedaillons mit der Darstellung aller Päpste, angefangen von Petrus bis zu dessen aktuellem Nachfolger. Am Übergang vom Mittelschiff zum Querhaus hat der Hauptaltar seinen Platz; er steht über dem frühchristlichen Sarkophag mit den Paulusreliquien. Die Apsis besitzt ein prachtvolles Mosaik, das den thronenden Christus, umgeben von den Heiligen Petrus und Paulus, Lukas und Andreas zum Bildinhalt hat. Ein besonderes Kleinod ist der mittelalterliche Kreuzgang, den der Brand von 1823 glücklicherweise verschont hat. Die kunstvoll gestalteten und mit Glasmosaik geschmückten Säulen verleihen ihm eine würdig-lebendige Gestalt.

San Pietro in Vaticano

Auch über dem Grab des heiligen Petrus ließ Konstantin der Große eine Basilika errichten. Sie war fünfschiffig und besaß ein Querhaus mit Apsis. Der Fassade war ein Atrium und eine große Freitreppe vorgelagert. An der Sehne zwischen Querhaus und Apsis stand eine zum Langhaus hin geöffnete Zelle, in der ein Gedächtnis-Denkmal aus der Zeit um 160 nach Christus – das sogenannte *Tropaion* – zugänglich war; es markiert genau die Stelle des Petrusgrabes und wurde bei den archäologischen Grabungen der Jahre 1940 bis 1949 gefunden.

Im 15. Jahrhundert war die Konstantinische Basilika baufällig geworden. Außerdem hatten die Päpste nach der Rückkehr aus dem Avignoner Exil 1377 nicht mehr den Lateranpalast bezogen, sondern ihre Residenz auf den Vatikanischen Hügel verlegt, wo sie schon bald den Entschluss fassten, die alte Peterskirche durch einen repräsentativen Neubau zu ersetzen; hier-

Die größte Kirche der Christenheit:
San Pietro in Vaticano

durch sollte die Bedeutung des Papstes als Nachfolger des Apostel Petrus neu zum Ausdruck kommen. Bereits Nicolaus V. (Amtszeit 1447-1455) hatte eine erste Initiative ergriffen, aber der eigentliche Baubeginn war 1506 mit der Grundsteinlegung durch Julius II. Es dauerte 120 Jahre, bis die Basilika vollendet war und Paul V. 1626 die Kirche weihte. Mehrere Architekten und Künstler waren an dem Projekt beteiligt, darunter der berühmte Michelangelo, nach dessen Tod die Kuppel nach seinen Entwürfen in leicht veränderter Form vollendet wurde. In den Jahren 1657 bis 1667 erfolgte dann durch Lorenzo Bernini die Gestaltung des Petersplatzes. Zudem bereicherte dieser geniale Architekt und Bildhauer mit bedeutenden Werken das Innere der Basilika.

Nähern wir uns über die Via della Conciliazione der Peterskirche, erkennen wir die Kuppel in ihrer vollen Höhe und die Fassade in ihrer ganzen Breite. Schließlich nimmt die Piazza di San Pietro uns mit ihren ausschwingenden, durch Figuren bekrönten Kolonnaden auf und der im Zentrum aufgestellte Obelisk orientiert uns auf die Mitte der Fassade hin, auf die Loggia, aus der der Papst den Segen *Urbi et Orbi* spendet. Von der Balustrade der Fassade herab grüßen uns die Statuen, die Christus,

Johannes den Täufer und die Apostel darstellen. Nach Betreten der Basilika lassen wir zunächst das Gesamtbild auf uns wirken. Die Monumentalität des etwa 180 Meter langen Bauwerks ist überwältigend, auch wenn es durch die ausgewogenen Proportionen gemildert wird. Beim Durchschreiten der Peterskirche nehmen wir Kunstwerke von hohem Rang wahr: die Pietà, die Michelangelo in jungen Jahren geschaffen hat, den Baldachin Berninis über dem Hauptaltar mit den kunstvoll geschwungenen Säulen und die Grabmäler der Päpste aus verschiedenen Epochen. Es fällt schwer, sich dem Eindruck zu entziehen, dass wir eher ein Kunstmuseum statt eine Kirche betreten haben. Daher wollen wir nicht vergessen, uns an diesem bedeutungsvollen Ort Zeit für Stille und Gebet zu gönnen; hierzu eignet sich die Sakramentskapelle, vom rechten Seitenschiff nur für Betende zugänglich.

San Sebastiano

Es gab noch eine weitere frühchristliche Gedenkstätte der Apostel Petrus und Paulus: Unter der Kirche San Sebastiano fuori le Mura hat die Archäologie eine Terrasse freigelegt, die an einer Seite von einem Raum begrenzt ist.

In ihm ist eine Wand mit eingeritzten Inschriften versehen, durch die Petrus und Paulus um Fürbitte angerufen werden; diese Anlage wird in die Mitte des dritten Jahrhunderts datiert; es handelt sich offensichtlich um einen Ort, an dem – wie in der Antike üblich – Gedächtnismähler zu Ehren der Verstorbenen stattfanden, hier zur Verehrung der beiden Apostel. Konstantin der Große ließ darüber eine Kirche erbauen. Sie hatte zunächst den Namen *Basilica Apostolorum*, was darauf hindeutet, dass Petrus und Paulus an dieser Stelle weiterhin verehrt wurden. Im Mittelalter erhielt sie die Bezeichnung *San Sebastiano* und nimmt somit Bezug auf den Märtyrer Sebastian, der in den angrenzenden Katakomben beigesetzt worden war. Kardinal Scipio Borghese ließ die Kirche im 17. Jahrhundert im barocken Stil umgestalten und stiftete die zweigeschossige Fassade mit dem dreibogigen Porticus, über dem er in einer Inschrift als Stifter genannt wird. Im Auftrag des Kardinals Francesco Barberini wurde 1676 die Sebastianskapelle vollendet; sie befindet sich vom Eingang aus hinten links und bewahrt in einem Sarkophag die Reliquien des Heiligen auf; eine ausdrucksstarke Skulptur des Bildhauers Giorgetti zeigt ihn von Pfeilen getroffen am Boden liegend. Philipp Neri, unser Begleiter zu den sieben Pilgerkirchen, hatte San Sebastiano häufig aufgesucht, manchmal hat er in den Katakomben die Nacht im Gebet verbracht.

San Lorenzo fuori le Mura

Laurentius war Diakon des Papstes Sixtus II., mit dem zusammen er im Jahre 258 als Märtyrer gestorben ist. Er habe auf einem Rost liegend den Feuertod erleiden müssen, schreibt der Kirchenlehrer Ambrosius Ende des vierten Jahrhunderts. Laurentius wurde in der Katakombe der heiligen Cyriaca an der Via Tiburtina beigesetzt. Pelagius II. (Papst von 579 bis 590) veranlasste den Bau einer Kirche zu Ehren des Heiligen. Damit die Eucharistie möglichst nahe über dem Grab gefeiert werden konnte, wurde zum Bau dieser Kirche ein Teil des Hügels, der die Katakomben bedeckte, abgetragen. Honorius III. (Papst von 1216 bis 1227) ließ ein dreischiffiges Langhaus an die Pelagianische Basilika anbauen, die dadurch zum Chorraum des gesamten Bauwerks wurde. Aus dem 13. Jahrhundert stammt auch die schlichte Fassade und der schlanke Glockenturm.

Santa Maria Maggiore

Sie ist die größte und ehrwürdigste Marienkirche Roms, erbaut unter Sixtus III. (Papst von 432 bis 440). Ein Vorgängerbau soll bereits zur Amtszeit des Papstes Liberius (352-366) errichtet worden sein – die *Basilica Liberiana*, zu deren Gründung eine Legende ein Schneewunder kennt: Liberius habe mitten im Sommer auf dem Esquilinhügel ein Schneefeld gesehen, das die Form eines Kirchengrundrisses hatte. Auf eine Vision der Gottesmutter Maria hin habe er diesem Grundriss entsprechend die nach ihm benannte *Basilica Liberiana* erbauen lassen. Auch wenn nach der archäologischen Forschung anzuzweifeln ist, dass Santa Maria Maggiore der Nachfolgebau einer Kirche aus der Zeit des Papstes Liberius ist, führt ihr Kirchweihfest jährlich am 5. August die alte Tradition fort: Der 5. August war das Datum, als auf dem Esquilin der Schnee fiel.

Die Architektur: Während die äußere Gestalt von den Neugestaltungen des Barock geprägt ist, vermittelt der dreischiffige Innenraum weitgehend noch den ursprünglichen Eindruck einer frühchristlichen Basilika, zumal die Mosaiken des fünften Jahrhunderts erhalten sind, die den Triumphbogen mit Szenen aus der

Kindheit Jesu und den Obergaden mit alttestamentlichen Szenen schmücken. Das spätmittelalterliche Apsisbild, die Flachdecke aus der Renaissance und der Altarbaldachin des 18. Jahrhunderts fügen sich harmonisch in das Gesamtbild ein. Durch die Confessio sind die unter dem Hauptaltar aufbewahrten Reliquien der Krippe aus Betlehem zugänglich und in der *Cappella Paolina* – Zugang vom linken Seitenschiff – befindet sich die hochverehrte Marienikone *Salus Populi Romani*.

Brunnenerlebnis: Fontana di Trevi

Erlebnis Rom

Jede Romreise ist natürlich auch von dem Erlebnis einer lebendigen Stadt voll italienischem Temperament gefüllt, von dem Eindruck malerischer Gassen und schöner Plätze mit kunstvoll gestalteten Brunnen, vom Sonnenschein, Regenschauer und dem tiefblau strahlenden römischen Himmel.

Eine Pilgerreise nach Rom erschöpft sich also nie nur in dem frommen Besuch der Kirchen und Katakomben, sondern ist stets in das Leben eingebunden. Jenseits und Diesseits verbinden sich, Himmel und Erde, Glaube und Alltag. Hier begegnen wir wieder Philipp Neri. Er gehörte zu den Beratern von Päpsten und Kardinälen und war mit großen Heiligen wie Karl Borromäus und Ignatius von Loyola befreundet; aber mindestens genauso gern pflegte er die Begegnung mit den einfachen Leuten in den Gassen Roms, mit den Marktfrauen und Handwerkern, den Kindern und Jugendlichen. Und im Heiligen Jahr 1550 kümmerte er sich um arme und kranke Pilger. Ihm ging es darum, allen Menschen Christi Botschaft der Freude zu verkünden und eine Einheit von Glaube und Alltag herzustellen, wobei ihm sein Humor sehr dienlich war. Zum Abschluss unserer Rom-Wallfahrt können wir in der Kirche Santa Maria in Vallicella – Chiesa Nuova genannt – sein Grab besuchen.

Assisi – Heimat des heiligen Franziskus

ASSISI

Der Sonnengesang des heiligen Franz von Assisi

(in der Übersetzung von P. Leonhard Lehmann)

Höchster, allmächtiger, guter Herr,
dein sind der Lobpreis,
die Herrlichkeit und Ehre
und jeglicher Segen.
Dir allein, Höchster, gebühren sie,
und kein Mensch ist würdig,
dich zu nennen.

Gelobt seist du, mein Herr,
mit allen deinen Geschöpfen,
zumal dem Herrn Bruder Sonne;
er ist der Tag, und du spendest uns
das Licht durch ihn.
Und schön ist er und strahlend
in großem Glanz,
dein Sinnbild, o Höchster.

Gelobt seist du, mein Herr,
durch Schwester Mond und die Sterne;
am Himmel hast du sie gebildet,
hell leuchtend und kostbar und schön.

Gelobt seist du, mein Herr,
durch Bruder Wind und durch Luft
und Wolken

und heiteres und jegliches Wetter,
durch das du deinen Geschöpfen
Unterhalt gibst.

Gelobt seist du, mein Herr,
durch Schwester Wasser,
gar nützlich ist es und demütig
und kostbar und keusch.

Gelobt seist du, mein Herr,
durch Bruder Feuer,
durch das du die Nacht erleuchtest;
und schön ist es und liebenswürdig
und kraftvoll und stark.

Gelobt seist du, mein Herr,
durch unsere Schwester, Mutter Erde,
die uns ernährt und lenkt
und vielfältige Früchte hervorbringt
und bunte Blumen und Kräuter.

Gelobt seist du, mein Herr,
durch jene, die verzeihen um deiner
Liebe willen
und Krankheit ertragen und Drangsal.
Selig jene,
die solches ertragen in Frieden,
denn von dir, Höchster,
werden sie gekrönt werden.

Gelobt seist du, mein Herr,
durch unsere Schwester,
den leiblichen Tod;
ihm kann kein Mensch lebend entrinnen.
Wehe jenen,
die in schwerer Sünde sterben.
Selig jene, die sich in deinem
heiligsten Willen finden,
denn der zweite Tod
wird ihnen kein Leid antun.

Lobt und preist meinen Herrn
und sagt ihm Dank und dient ihm
mit großer Demut.

Olivenhain bei Assisi

Umbrien wird „Das grüne Herz Italiens" genannt. Viele lieben diese Region wegen ihrer schönen Natur. Die Lanschaft gestaltet sich durch breite Täler, bewaldete Hügel, im Osten auch durch hohes Gebirge. Weite Gebiete sind landwirtschaftlich genutzt mit Olivenhainen, Weingärten, Sonnenblumenfeldern. Und trotzdem spielt Umbrien auf der italienischen Landkarte eine recht untergeordnete Rolle: Es gibt keinen Zugang zum Meer, die Hauptverkehrswege berühren die Region nur am Rande, es fehlt ein internationaler Flughafen, Industrie ist kaum vorhanden, der Tourismus als Wirtschaftsfaktor wird erst langsam erschlossen. Zum Glück! Denn somit bieten die Städte Umbriens einen eher verträumten und zurückgezogenen Eindruck und die meisten von ihnen durften sich ihren mittelalterlichen Charakter bewahren. Schwere Zerstörungen des Zweiten Weltkrieges haben nur Foligno und Terni erlitten. Die Hauptstadt Perugia ist zwar von modernen Wohnvierteln und Industriebauten umgeben, der historische Kern aber blieb weitgehend unberührt. Und unser Reiseziel Assisi – malerisch am Abhang des Monte Subasio gelegen – bietet von weitem schon ein einheitliches, vom Mittelalter geprägtes Bild.

Umbriens Städte wirken einladend mit ihren Domen, Stadttoren und Palästen, engen Straßen, Treppengassen und kleinen Plätzen. Dies alles darf ohne jede Hektik betrachtet und durchstreift werden. Wer Umbrien erleben möchte, sollte sich Zeit nehmen, sollte in Ruhe die Landschaft erwandern und in den Städten verweilen.

Dies soll auch die Art und Weise sein, in der wir nun Assisi und seine Umgebung besuchen.

Denn nur so können wir den Spuren des heiligen Franziskus und der heiligen Klara folgen. Doch bevor wir unsere Reise antreten, sollten wir das Leben der beiden kennen lernen.

Franziskus. Er wurde 1181 oder 1182 in Assisi geboren und erhielt den Taufnamen Johannes, wurde aber meist Francesco genannt. Sein Vater – Pietro Bernardone – war ein reicher Tuchhändler. Er sorgte für eine gute Ausbildung seines Sohnes und sah in ihm den zukünftigen Kaufmann. Aber schon bald regte sich in Francesco die Berufung zu einem anderen Leben. Einige Erlebnisse bewegten ihn dazu, seinen Weg zu ändern: Auf dem Ritt nach Apulien, wo er sich von einem Feldherrn für den Kriegsdienst rekrutieren lassen wollte, veranlasste ihn im Traum eine Stimme zur Rückkehr nach Assisi. Dort wandte er sich – von Barmherzigkeit gedrängt – den Aussätzigen zu. Und schließlich hörte er in dem verfallenen Kirchlein San Damiano vom Kreuz herab eine Stimme sagen: „Franziskus, siehst du nicht, dass mein Haus in Verfall gerät? Geh also hin und stelle es mir wieder her!" (Dreigefährtenlegende 13, 7b). Diesem Auftrag folgend, renovierte er zunächst San Damiano und noch zwei weitere Kapellen, bis er die Weisung in anderer Weise zu deuten verstand: die

Kirche als Gemeinschaft der Gläubigen wieder aufzubauen. In einem öffentlichen Prozess vor dem Bischof von Assisi musste er sich aber von seinem Vater lossagen. In äußerster Armut widmete sich Franziskus fortan der Predigt und sozialen Diensten, vor allem für die Aussätzigen. Schon bald schlossen sich ihm junge Männer an, die ebenfalls die Berufung zu diesem Leben verspürten. Als die Gruppe aus zwölf bestand, ließ Franziskus sich die Gemeinschaft von Papst Innozenz III. mündlich genehmigen. Der Orden wuchs sehr rasch; er breitete sich schon zu Lebzeiten des Heiligen über Europa aus und fasste Fuß in Palästina. 1223 schrieb Franziskus die Ordensregel, die von Papst Honorius III. schriftlich in einer Bulle bestätigt wurde. Bereits schwer erkrankt, dichtete er 1224 den Sonnengesang. 1226 starb der Ordensgründer neben der Porziuncola-Kapelle, die er zum Zentrum seiner Gemeinschaft erwählt hatte. Er wurde zunächst in der kleinen Kirche San Giorgio beigesetzt, doch schon 1230 in die neu errichtete Basilika San Francesco überführt.

Klara. Wie in einer kleinen Stadt üblich, so war auch in Assisi die innere und äußere Wandlung Francescos schnell zum Stadtgespräch geworden. Davon fühlte sich die 1193 (oder 1194) geborene Chiara di Favarone sehr beeindruckt und auch in ihr erwachte der Wunsch, ihr Leben ganz dem Auftrag Gottes zu weihen. Aber sie musste ihr Vorhaben verschweigen, weil die Eltern es nicht verstanden, sondern abgelehnt hätten. Daher traf sie sich heimlich – nur in Begleitung einer vertrauten Bekannten – mit Franziskus und besprach mit ihm, wie sie diesen Weg verwirklichen könnte. Am Morgen nach dem Palmsonntag des Jahres 1211 floh Klara aus ihrem Elternhaus und lief zur Porziuncola-Kapelle, wo Franziskus – er war dort mit seinen Gefährten versammelt – sie mit dem ärmlichen Habit bekleidete und ihr zum Zeichen der Christus-Weihe die Haare abschnitt. Nachdem sie eine Zeitlang bei den Benediktinerinnen in Bastia und bei Ordensschwestern in Sant' Angelo in Panzo, beides nahe bei Assisi, gelebt hatte, gründete sie mit gleichgesinnten Frauen eine eigene Gemeinschaft. Hierzu waren ihr bei der Kapelle San Damiano Räumlichkeiten zur Verfügung gestellt worden. Dort führte die rasch wachsende Gemeinschaft ein Leben in Armut, Zurückgezogenheit und Stille und widmete sich vorwiegend dem Gebet. Das Miteinander der Schwestern war von einer Geschwisterlichkeit geprägt, die auf ganz Assisi ausstrahlte. Die von Klara aufgestellte Ordensregel wurde 1253 von Papst Innozenz IV.

approbiert – zwei Tage vor ihrem Tod. Ihr Leichnam wurde zunächst in der kleinen Kirche San Giorgio bestattet; 1260 erfolgte die Beisetzung in der Basilika Santa Chiara, die unter Einbeziehung von Mauern der Kirche San Giorgio neu erbaut worden war. Die Schwestern siedelten später von San Damiano in das an Santa Chiara angrenzende Kloster über.

Blick auf Assisi: rechts die Basilika Santa Chiara, links darüber die Rocca

Rundgang durch Assisi

Wir beginnen unsere Wanderung durch die Stadt auf der **Rocca**, der Burg. Sie überragt Assisi wie eine Krone. Der hier residierende Legat des deutschen Kaisers wurde 1198 von den Bürgern vertrieben, die Burg zerstört. Franziskus war damals 17 Jahre alt. Der Aufstieg zur Rocca wird uns einige Mühe kosten, die aber durch einen weiten Blick über die umbrische Landschaft belohnt wird.

Um nun dem Leben der beiden Heiligen nachzuspüren, treffen wir uns vor der **Kathedrale San Rufino**. Der schöne Glockenturm war zur Zeit des heiligen Franziskus schon vollendet, die Kirche selber war noch im Bau. Auf dem Vorplatz – links der Fassade – stand Klaras Elternhaus; es existiert nicht mehr, aber zur Erinnerung an die Heilige ist in dem heutigen Gebäude eine kleine, von außen zugängliche Kapelle eingerichtet. Im Dom steht hinten – im rechten Seitenschiff – ein Taufstein; über ihm sind Klara und Franziskus getauft worden. Wo Francescos Elternhaus lag, ist nicht mehr bekannt. In der Nähe der Piazza Comune, dem Hauptplatz Assisis, stoßen wir auf ein Gebäude, in dem seit 1286 die winzige Kapelle **San Francesco Piccolino** auf die Geburtsstelle des

Heiligen hinweist. Daher wird hier auch das Elternhaus Francescos vermutet. Nicht weit davon entfernt erhebt sich die **Chiesa Nuova** (= Neue Kirche). Sie wurde ab 1615 über einem mittelalterlichen Haus errichtet, das man für den Tuchhändlerladen des Pietro Bernardone hielt; die Räumlichkeiten sind durch die Kirche zugänglich. Wenn wir nun noch etwas auf der **Piazza Comune** verweilen, gewinnen wir ein klassisches italienisches Platzerlebnis. Auffallend ist die säulengestützte Vorhalle eines antiken Tempels, die sich harmonisch in die mittelalterlichen Fassaden einfügt. Die Piazza ist ein lebhafter Treffpunkt für Jung und Alt und bis spät in die Nacht mit Leben gefüllt. So wird es auch gewesen sein, als Franziskus in seiner Jugend mit den Altersgenossen durch die Stadt zog; er war ein lebensfroher und großzügiger Mensch und die Schar der Jugendlichen wählte ihn gern zu ihrem Anführer.

Vor den Toren der Stadt

Auf der Suche nach dem eigentlichen Lebenssinn betete Franziskus häufig in der kleinen Kirche **San Damiano**, wo er schließlich vom Kreuz herab den Auftrag hörte, die Kirche wieder herzustellen. Wir erreichen San Damiano zu Fuß

Eremo delle Carceri: Ort der Ruhe und Besinnung

über den Pilgerweg, der von der Porta Nuova hinunter ins Tal führt. Die Kapelle ist ummantelt von verschiedenen Gebäuden: Wir sehen die Räume, in denen Klara und ihre Schwestern gelebt und gebetet haben, sowie einen beschaulichen Kreuzgang. Weitere Gebäudeteile stehen heute den Franziskanern als Konvent zur Verfügung. Die Kapelle selbst lädt zu stillem Gebet ein. Über dem Altar hängt eine Kopie des Kreuzbildes, von dem Franziskus die Stimme vernahm. Das von Olivenhainen umgebene Kloster San Damiano vermittelt noch ganz den Geist franziskanischer Ursprünglichkeit.

Franziskus und seine Gefährten zogen sich bisweilen in die Einsamkeit der Höhlen zurück, die sich auf halber Höhe des Monte Subasio befinden. Dort wurde bereits zur Zeit des Ordensgründers eine Kapelle errichtet und im Laufe der späteren Jahre entstanden einige Konventsgebäude. Die Wanderung zu diesem **Eremo delle Carceri** genannten Kloster, das sich etwa vier Kilometer von Assisi entfernt befindet, lohnt sich: Hier finden wir Zeit zu Stille und Besinnung.

Eine kleine Kapelle in der Ebene vor Assisi hatte Franziskus zum Zentrum seines Ordens erwählt: **Santa Maria degli Angeli**, auch **Porziuncola** genannt. Hier nahm er die heilige Klara in den franziskanischen Kreis auf, hier traf er sich mit seinen Brüdern zur jährlichen Pfingstversammlung und hier ist er auch gestorben. Die Porziuncola-Kapelle steht heute wie eine Reliquie in der großen kuppelüberwölbten Basilika, die im 17. Jahrhundert vollendet wurde.

San Francesco: die Grabeskirche des heiligen Franziskus

Die Basiliken Santa Chiara und San Francesco.

Zum Abschluss unserer Assisi-Reise besuchen wir nun noch die Grabeskirchen der beiden Heiligen.

In der Basilika **Santa Chiara** ist die heilige Klara beigesetzt. Die 1257 begonnene und 1265 geweihte Kirche ist ein einschiffiger Bau mit Querhaus und wirkt durch ihre schlichten gotischen Formen. In der rechten Seitenkapelle ist das Original des Kreuzbildes angebracht, von dem Franziskus in San Damiano die Stimme vernahm. Die Gebeine der heiligen Klara befinden sich in einem gläsernen Sarkophag in der Krypta.

Die Basilika **San Francesco** ist die Grabeskirche des heiligen Franziskus. 1228 wurde der Grundstein gelegt, 1253 erfolgte die Weihe. San Francesco besteht aus zwei übereinander gebauten Kirchen: Die obere ist von heller und aufstrebender Gestalt. An ihren Wänden entfalten sich die berühmten Fresken, die Giotto zugeschrieben werden und das Franziskus-Leben darstellen. Die Unterkirche wirkt eher dunkel und gedrungen, aber nicht weniger feierlich. Von hier führt eine Treppe hinunter zum Franziskus-Grab. Der schmucklose Steinsarkophag wird über dem Altar dieser asketisch gestalteten unterirdischen Kapelle sichtbar, in der stets Kerzen brennen und die gleichermaßen Feierlichkeit und franziskanische Schlichtheit ausdrückt.

SANCTA COLONIA

Heiliges Köln

KÖLN

Hymnus zu Ehren der Drei Könige

Du rufst, Herr Jesus, alle Welt;
von dir wird jedes Herz erhellt.
Wir singen zu der Weisen Ehr,
o schenke gnädig uns Gehör!

Sie kommen nicht mit leerer Hand,
geführt vom Licht, das Gott gesandt;
sie finden dich mit frohem Mut,
kniefällig spenden sie Tribut.

Jedwede Gabe hat hier Sinn:
Auf Gottheit weist der Weihrauch hin,
das Gold bezeugt des Königs Macht,
mit Myrrhe wird des Tods gedacht.

Den heilgen Weisen gab zum Lohn
die Himmelskrone Gottes Sohn;
und ihre Leiber hüllt nun ein
im Kölner Dom ein goldner Schrein.

Lass uns, o Jesus, auf ihr Flehn
den Ruf der Gnade recht verstehn:
wie sie ihm folgen, bis das Heil
in selger Schau uns wird zuteil.

Dir, Vater auf dem höchsten Thron,
und dir, dem eingebornen Sohn,
und auch dem Geist sei Lob geweiht
jetzt und in alle Ewigkeit. Amen.

Hymnus in der Vesper zu Ehren der Heiligen Drei Könige

Der Kirchenlehrer Irenäus von Lyon schreibt in seiner um 180 verfassten Schrift *Gegen die Häretiker*: „ Die in den beiden Germanien errichteten Kirchen haben nichts anderes geglaubt und überliefern nichts anderes als die in den spanischen Provinzen oder bei den Kelten, als die im Osten oder in Ägypten, als die in Libyen oder in der Mitte der Welt" (*Adversus haereses* I, X 2). Dieser Satz ist das älteste Zeugnis dafür, dass bereits im zweiten Jahrhundert das Christentum in den römischen Rheinlanden Fuß gefasst hatte. Und Köln, das damals ein wichtiges politisches, wirtschaftliches und kulturelles Zentrum war, wird schon eine starke christliche Gemeinde besessen haben.

Der römische Name *Colonia Agrippinensis* erinnert daran, dass die aus einer Siedlung der Ubier, dem *Oppidum Ubiorum*, entstandene Stadt 50 nach Christus auf Veranlassung Agrippinas zu einer Kolonie (lateinisch:

Colonia) erhoben wurde. Agrippina war die Gattin des Kaisers Claudius und die Mutter Neros, der sie aus Machtgier ermorden ließ. Durch die Erhebung zur Kolonie erhielt die Stadt römisches Bürgerrecht und wurde der Hauptstadt Rom angeglichen, was sich auch in aufwendigen Bauprojekten widerspiegelt. Zudem wurde Köln Ende des ersten Jahrhunderts Sitz des Statthalters für Niedergermanien. Dass Maternus, der als erster Bischof der Kölner Christengemeinde genannt wird, der von Jesus zum Leben erweckte Jüngling von Naim gewesen sein soll, darf sicherlich als fromme Legende gelten. Der früheste schriftlich bezeugte Bischof hieß allerdings tatsächlich Maternus, lebte aber zur Zeit Konstantins des Großen.

Wie in Rom, so werden wir auch bei unserer Wallfahrt nach Köln an die frühchristliche Tradition anknüpfen und die Gräber der Märtyrer aufsuchen, der beiden Stadtpatrone Gereon und Ursula.

Sankt Gereon

Die geschichtsträchtige Kirche geht auf ein Bauwerk mit ovalem Grundriss zurück, das ins

Ende des vierten Jahrhunderts datiert wird und wegen seiner außergewöhnlichen Gestalt eine herausragende Stellung in der spätantiken Architektur einnimmt. Als Auftraggeber wird eine bedeutende, dem kaiserlichen Hof nahestehende Persönlichkeit angenommen, möglicherweise sogar aus der Familie des Kaisers selbst. In Dokumenten des Mittelalters ist zu lesen, dass die heilige Helena, die Mutter Konstantins des Großen, die Stifterin gewesen sein soll; dies ist aber eher unwahrscheinlich, weil sie bereits 328 oder 329 gestorben ist.

Ein derart außergewöhnliches spätantikes Architekturwerk an dieser Stelle, an der sich seit dem ersten Jahrhundert ein ausgedehntes Gräberfeld befand, lässt auf einen Gedächtnisbau für einen Märtyrer schließen – über seinem Grab errichtet, wie es auch in Rom an zahlreichen Orten festzustellen ist. Um das Jahr 590 nennt Gregor von Tours dieses Gebäude „Sanct Gereon". Damit nimmt er Bezug auf einen Heiligen der Thebäischen Legion, die die Römer in Theben/Ägypten gegründet hatten und die dann nach Norden und den Rhein entlang gezogen ist. Die Soldaten hatten den christlichen Glauben angenommen und weigerten sich, die Christen zu verfolgen. Daher mussten sie selber als Märtyrer sterben.

Nachdem im elften Jahrhundert die Verehrung des heiligen Gereon und seiner thebäischen Gefährten zugenommen hatte, erfuhr seine Kölner Kirche mehrmals eine bauliche Umgestaltung und Erweiterung. So sehen wir heute einen hoch aufragenden zehneckigen kuppelüberwölbten Zentralbau, der das spätantike Oval umschließt, und ein Langchor, das von zwei Türmen flankiert ist, eine Krypta besitzt und von einer halbkreisförmigen Apsis abgeschlossen wird. Die Gebäudeelemente sind außen reich mit Halbsäulen, Nischen und Fensterrahmungen gegliedert.

Sankt Ursula

Diese Kirche bewahrt ebenfalls ein spätantikes Erbe. Im Chor ist eine Steininschrift aus der Zeit um 400 eingemauert; sie berichtet, dass eine Kirche zu Ehren von Jungfrauen, die als Märtyrerinnen gestorben sind, erneuert wird. Unter der heutigen Basilika hat die Archäologie Fundamente sowohl einer Kirche des vierten als auch eines Neubaus des fünften Jahrhunderts zutage gebracht. Auf diese beiden Gebäude bezieht sich offenbar die Steininschrift. Als im Jahre 1106 eine neue Stadtbefestigung errichtet wurde, stieß man bei der Kirche auf eine sehr große Anzahl Gebeine eines Gräberfeldes, die sofort für die Reliquien der Jungfrauen gehalten wurden. Dieser Fund förderte die Verehrung der Märtyrerinnen außerordentlich und der Ansturm der Wallfahrten erforderte die Errichtung einer neuen Basilika, die in den Jahren bis 1135 entstand. Ihr romanischer Chor wurde im späten 13. Jahrhundert durch eine gotische Anlage ersetzt. Der Turm – ebenfalls aus dem 13. Jahrhundert – erhielt 1680 eine barocke Haube, die in einer Nachbildung der englischen Krone gipfelt, ein Hinweis auf die Abstammung Ursulas als Königstochter aus England.

Im neunten und zehnten Jahrhundert war das Leben dieser Heiligen in einer Legende ausgestaltet worden: Die englische Königstochter und Christin Ursula sollte den Heiden Ätherius heiraten, erbat sich aber vorher eine Frist von drei Jahren, in der der Bräutigam sich zum Christentum bekehren müsse. Sie selbst fuhr mit elftausend Jungfrauen aufs Meer, das Schiff geriet aber den Rhein hinauf bis Köln. Dort erhielt Ursula im Traum die Anweisung, nach Rom zu pilgern. Nachdem sie von dieser Wallfahrt – wieder auf dem Rhein – zurückgekehrt war, wurden sie und ihre Begleiterinnen in Köln von den Hunnen ermordet.

Das Kölner Wappen:
Es enthält die Kronen der Drei Könige und elf Blutstropfen als Hinweis auf das Martyrium der elftausend Jungfrauen.

Das mittelalterliche Köln

Das Mittelalter war für Köln eine Blütezeit. Im 15. Jahrhundert war sie die größte Stadt des Deutschen Reiches und eine der Metropolen Europas. Zahlreiche Kirchen wurden gebaut – architektonisch bedeutsam und Zeugen eines regen christlichen Glaubenslebens. Auch viele Klöster waren im mittelalterlichen Köln angesiedelt. Unter ihnen treten die Niederlassungen der Dominikaner und Franziskaner besonders hervor; sie beherbergten Albertus Magnus und Johannes Duns Scotus, die zu den führenden Ordenstheologen ihrer Zeit gehören. Sie lehrten am Generalstudium der Dominikaner beziehungsweise Franziskaner. Die beiden Ordenstheologen fanden in Köln ihre letzte Ruhestätte: Albertus Magnus in Sankt Andreas, Duns Scotus in der Minoritenkirche.

Mit seinen zwölf Toren erinnerte das mittelalterliche Köln an das Himmlische Jerusalem (vgl. Apk 21, 10 ff). Aus dem Vergleich mit der Himmelsstadt kann auch der Titel „Sankt Maria in Jerusalem" für die Kapelle des Rathauses verstanden werden. In ihr befand sich Stephan Lochners Gemälde der Kölner Stadtpatrone, datiert um 1440 bis 1445. Dieser Flügelaltar zeigt in dem großen Mittelbild die gekrönte

Maria mit dem Jesuskind, zu dem die Drei Könige anbetend hinzu geschritten sind, begleitet von ihrem Gefolge. Auf den Innenseiten der Flügel sind links Ursula mit ihren Begleiterinnen und rechts Gereon und seine Gefährten dargestellt. Alle Gestalten tragen feine Gesichtszüge; sie sind in prächtige Gewänder mit reichem Faltenwurf gekleidet, die Soldaten in metallisch glänzenden Rüstungen. Wenn im Advent und in der Fastenzeit die Flügel geschlossen sind, werden die Außenflächen sichtbar, die in anmutiger Weise die Verkündigung des Engels an Maria zum Inhalt haben. Stephan Lochners Flügelaltar wurde 1800 aus der Ratskapelle entfernt, um ihn vor der französischen Eroberung der Stadt in Sicherheit zu bringen. Im Jahr 1810 fand das Bild seinen Platz im Dom, es schmückt dort den Altar in der südlichen Seitenkapelle des Chorumgangs; daher erhielt das Gemälde die heute geläufige Bezeichnung „Dombild".

1052 erlaubte Papst Leo IX. dem Erzbischof von Köln, für die Kathedrale – dem Vorgängerbau des heutigen Domes – Kardinalpriester nach dem Vorbild der Basilika Sankt Peter in Rom einzusetzen. Damit wurde die Kölner Bischofskirche der Römischen Peterskirche gleichgestellt. Dieser Ehrung der Stadt entsprach die Bezeichnung *Sancta Colonia* (= Heiliges Köln), die in dieser Zeit erstmalig auf den Münzen zu stehen kam. Das Stadtsiegel von 1149 trägt sogar die Inschrift „Sancta Colonia Dei Gratia Romanae Ecclesiae Fidelis Filia" (= Heiliges Köln, von Gottes Gnaden treue Tochter der Römischen Kirche). Es zeigt außerdem eine Darstellung des heiligen Petrus; er und die Gottesmutter Maria waren und sind die Patrone des Domes. Auch eine Petrusreliquie gelangte nach Köln: ein Stück seines Stabes. Dies alles verdeutlicht die enge Beziehung zwischen der Stadt am Rhein und dem Apostel und somit der Kirche Roms.

Die Wallfahrt nahm beträchtlich zu, nachdem 1164 die Reliquien der Drei Könige in die Rheinmetropole überführt worden waren. Der Kölner Erzbischof Rainald von Dassel, Kanzler Friedrich Barbarossas, hatte sie aus Mailand mitgebracht; am 23. Juli 1164 wurden sie feierlich in die romanische Kathedrale, dem Vorgängerbau des heutigen Domes, übertragen. Rainalds Nachfolger Philipp von Heinsberg beauftragte Nicolaus von Verdun, einen Schrein für die Reliquien zu schaffen. Er war der bedeutendste Goldschmied seiner Zeit und begann nach 1181 mit dem Werk, das um 1220 in Köln vollendet wurde. Der Goldsarkophag in Form einer dreischiffigen Basilika ist von größter

Kostbarkeit und Schönheit. Es ist aus heutiger Sicht kaum zu ermessen, welche Bedeutung Köln durch die Dreikönigsreliquien erlangte. Neben Jerusalem, Rom und Santiago de Compostela entwickelte sich nun auch die Stadt am Rhein zu einem bevorzugten Pilgerziel. Wallfahrer aus ganz Europa strömten nach Köln. Die deutschen Könige pflegten anlässlich ihrer Krönung, die in Aachen vorgenommen wurde, zum Dreikönigsschrein zu pilgern, um – wie die Weisen aus dem Morgenland – ihre Gaben vor dem göttlichen Kind niederzulegen.

Der Kölner Dom

Die romanische Bischofskirche mit fast 100 Metern Länge und einem vorgelagerten Atrium war ein imposantes Architekturwerk, das Rainald von Dassel noch um zwei Türme bereicherte. Trotzdem wurde der Wunsch wach, sie durch einen größeren Dom zu ersetzen, zumal sie auch baufällig gewesen zu sein schien. Erzbischof Konrad von Hochstaden legte 1248 den Grundstein zu einer Kathedrale im gotischen Stil, zu dem es bereits in Frankreich berühmte Vorbilder gab. Aber der Kölner Dom sollte sie noch an Größe übertreffen. 1322 schon war die Choranlage vollendet, ein hoch aufragender

Bau mit Umgang, der von Kapellen gesäumt ist. Er wurde vorläufig nach Westen hin durch eine provisorische Wand abgeschlossen und stand somit für den Gottesdienst zur Verfügung. Die weiteren Arbeiten gingen aber nur schleppend

Anbetung der heiligen Drei Könige, um 1445. Altar der Kölner Stadtpatrone, Mitteltafel, Dom zu Köln.
Stephan Lochner, um 1410-1451

voran und wurden 1560 ganz eingestellt. Bis zu diesem Zeitpunkt waren außer der Choranlage nur einige Teile des fünfschiffigen Langhauses – darunter die Nordwand mit kunstvoll gestalteten Fenstern – und die beiden Türme in unterschiedlich hohen Stümpfen fertiggestellt.

Erst das 19. Jahrhundert schuf die Voraussetzungen für die Vollendung des Dombauprojektes. Im Zuge der Romantik entstand ein neues Interesse am Mittelalter, wenn auch in idealisierender Sicht. Insbesondere die Schönheit der Gotik wurde wiederentdeckt, sowohl in ihrer künstlerischen Qualität als auch in ihrem Dienst für die Liturgie. Hinzu kam die Auffassung, dieser Stil sei spezifisch deutsch. Diese Ansicht ist zwar nach dem Stand der heutigen Forschung nicht mehr vertretbar, führte damals aber dazu, dass der Dom nicht nur aus dem erneuten Interesse an der mittelalterlichen Architektur, sondern auch als nationales Denkmal fertiggestellt wurde.

Das gewaltige Projekt begann 1842 und war 1880 abgeschlossen. Das Bemühen, sich dem ursprünglichen, mittelalterlichen Plan möglichst genau anzunähern – wozu die Auffindung der Turmskizzen aus dem frühen 14. Jahrhundert von unschätzbarem Wert war –, führt zu dem einheitlichen Gesamteindruck, der den Dom wie aus einem Guss erscheinen lässt. Selbst spätere Ergänzungen, beispielsweise der Dachreiter aus der Zeit nach dem Zweiten Weltkrieg, fügen sich harmonisch ein. Schließlich knüpft auch das 2007 von Gerhard Richter gestaltete Fenster der südlichen Querhausfassade an die große Zeit gotischer Glaskunst an und bereichert den Dom zugleich um ein eindrucksvolles Werk zeitgenössischer Kunst.

Auch wenn der Dom eine der größten Touristenattraktionen Deutschlands ist, so besteht seine eigentliche Bestimmung in der Gottesverehrung und der Liturgie. Wer das stille Gebet sucht, findet in der Sakramentskapelle – vom Chorumgang links zugänglich – die nötige Ruhe.

1998 fand anlässlich der 750jährigen Wiederkehr der Grundsteinlegung eine große Domwallfahrt statt: Vierzehn Tage lang wurde die Kölner Kathedrale von insgesamt einer Million Pilgerinnen und Pilger besucht. Diese erfreuliche Resonanz sowie der Weltjugendtag 2005 veranlassten Erzbischof Joachim Meisner, ab 2006 jährlich zu einer einwöchigen Domwallfahrt einzuladen, die stets im September stattfindet.

Ungewöhnliche Krippendarstellung von Lita Mertens in der Kirche Sankt Kolumba: Das Jesuskind wird gebadet.

Kölner Krippenweg

Zur Volksfrömmigkeit der Weihnachtszeit gehört in Köln auch das „Krippchengucken". Besonders die Kinder ziehen dann gerne mit ihren Eltern, mit Tante und Onkel oder mit den Großeltern von Kirche zu Kirche, und sie werden immer sehr andächtig, wenn sie das stimmungsvoll und anschaulich dargestellte Geschehen im Stall zu Betlehem bestaunen dürfen. Ihr Leben lang werden sie sich froh an diese religiöse Übung erinnern, die durchaus als Pilgergang bezeichnet werden kann. Die Krippen der kölner Kirchen sind sehr unterschiedlich – von der eher volkstümlichen Version bis zur künstlerischen Gestaltung. Vor allem die begabte Künstlerin Lita Mertens (1879 bis 1979) hat zahlreiche Figuren für die kölner Kirchenkrippen geschaffen: meist stoffbekleidete Holzskulpturen von hoher Ausstrahlungskraft.

Seit 1996 gibt es jährlich zur Advents- und Weihnachtszeit den Kölner Krippenweg. Er ist inzwischen schon Tradition und Menschen aus nah und fern kommen hierfür nach Köln. Nicht nur in den Kirchen, sondern auch in weltlichen Einrichtungen sind die Krippen meist liebevoll gestaltet und durch Hinweisschilder leicht zu finden. Auch werden Führungen angeboten.

Obwohl die vielen Krippen sehr unterschiedlich gestaltet sind, stellen sie doch alle dasselbe dar: Gott wird Mensch, er kommt zu uns, und wir gehen ihm entgegen, woduch wir zu Pilgerinnen und Pilgern werden.

Sonnenuntergang bei Assisi

Heimreise

Wir knüpfen an unsere Begegnung mit den Reliquien der Drei Könige in Köln an: Die Weisen aus dem Morgenland waren dem Stern gefolgt und hatten eine lange, beschwerliche Reise auf sich genommen, um den neugeborenen König der Juden anzubeten (vgl. Mt 2, 2). Dies war der Anlass und das Ziel ihrer Unternehmung, die sie zu Christus führte und so gleichsam zur Pilgerreise wurde. Bekanntlich zogen sie auf einem anderen Weg in ihre Heimat zurück. Denn sie mussten Jerusalem umgehen, um Herodes zu meiden, der den Aufenthaltsort des Kindes wissen wollte, um es zu töten. Aber der „andere Weg" ihrer Rückkehr kann auch eine spirituelle Bedeutung gewinnen: Die Anbetung des göttlichen Kindes hat ihrem Leben eine andere Richtung gegeben – eine Erfahrung, die vielen Pilgern zuteil wird. Die Gottesbegegnung bewirkt einen Einschnitt im Leben; aus dem „alten" wird ein „neuer" Mensch. Eine Veränderung ereignet sich, die es den Pilgerinnen und Pilgern erlaubt, ihr Leben mehr auf Gott hin auszurichten.

In den Weisen aus dem Morgenland, aber auch in den zahllosen pilgernden Menschen der Jahrhunderte und auf ihren Spuren finden wir hierzu unsere Leitbilder.

Palmengarten und Kirchturm in Rom

Anhang

Literaturnachweis:

S. 32: Sieger Köder, „Zum Himmel hoch und weit ins Land." © Sieger-Köder-Stiftung – Kunst und Bibel, Ellwangen/Jagst

S. 44: © Die Ständige Kommission für die Herausgabe der gemeinsamen liturgischen Bücher im deutschen Sprachgebiet erteilte für die aus diesen Büchern entnommenen Texte die Abdruckerlaubnis.

S. 68-70: Aus: Das Erbe eines Armen. Franziskus-Schriften. Hrsg. Leonhard Lehmann, Topos Plus Taschenbuch, Bd. 464 © 2003 Butzon & Bercker GmbH, Kevelaer, S. 53ff, www.bube.de

S. 73: Dreigefährtenlegende 13,7b. In: Dieter Berg und Leonhard Lehmann (Hg.), Franziskus-Quellen, Kevelaer 2009, S. 619

S. 84-85: © Hymnus „Du rufst, Herr Jesus, alle Welt; ..." zu Ehren der Heiligen Drei Könige in der Vesper. In: Die Feier des Stundengebetes – Eigenfeiern des Erzbistums Köln. Band III, 2. korr. Auflage 2009, herausgegeben vom Erzbistum Köln

S. 85: Irenäus von Lyon, Adversus haereses I, X 2. In: Hubert Jedin (Hg.), Handbuch der Kirchengeschichte. 10 Bände, Sonderausgabe, Verlag Herder, Freiburg im Breisgau, 1985

Einheitsübersetzung der Heiligen Schrift
© 1980 Katholische Bibelanstalt, Stuttgart

Bildnachweis:

Foto © Blauel / ARTOTHEK: S.95 · Gisela Fleckenstein OFS: S.6 · Peter Fobes OFM: S.83, S.90 · Volkwart Klein OFM: S.98 · Bernd Leopold OFM: S.6, S.31, S.33, S.35, S.37 · Peter Offergeld: Titelbild und S.43, S.45, S.51, S.58, S.64, S.103 · Markus Steinberger OFM: S. 67, S. 71, S.76, S.79, S.81, S.101 · Raynald Wagner OFM: S.9, S.17, S.21, S.24, S.26 · Deutsche Franziskanerprovinz, Kloster Wiedenbrück: S.39

Ebenfalls beim B. Kühlen Verlag ist vom Autor erschienen:
Gebete des heiligen Franziskus – Wort und Bild im Dialog
64 Seiten mit zahlreichen Farbfotografien

ISBN: 978-3-87448-299-8